mamma

мама
mama

bambino

хлопчик
khlopchyk

papà

тато
tato

bambina

дівчинка
divchynka

1

uno

один *odyn*

2

due

два *dva*

3

tre

три *try*

4

quattro

чотири *chotyry*

5

cinque

п'ять
p'iat

6

sei

шість
shist

7

sette

сім
sim

8

otto

вісім
visim

9 

10 

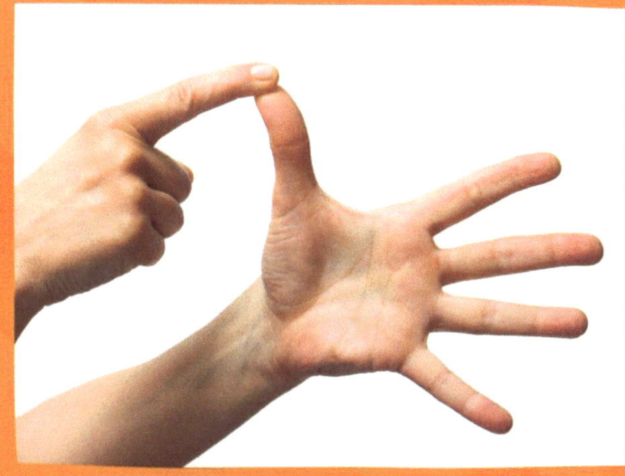

contare

рахувати
rakhuvaty

scrivere

писати
pysaty

disegnare

малювати
maliuvaty

dipingere

фарбувати
farbuvaty

cerchio

коло
kolo

quadrato

квадрат
kvadrat

rettangolo

прямокутник
priamokutnyk

triangolo

трикутник
trykutnyk

stella

зірка
zirka

nero

чорний
chornyi

bianco

білий
bilyi

marrone

коричневий
korychnevyi

rosso

червоний
chervonyi

blu

синій
synii

giallo

жовтий
zhovtyi

verde

зелений
zelenyi

viola

фіолетовий

fioletovyi

grigio

сірий

siryi

arancione

помаранчевий

pomaranchevyi

rosa

рожевий

rozhevyi

mela

яблуко
iabluko

banana

банан
banan

ananas

ананас
ananas

cocomero

кавун
kavun

pera

груша
hrusha

uva

виноград
vynohrad

mango

манго
manho

pesca

персик
persyk

fragola

полуниця

polunytsia

ciliegia

вишня

vyshnia

arancia

апельсин

apelsyn

cocco

кокосовий горіх

kokosovyi horikh

limone

лимон
lymon

fungo

гриб
hryb

mais

кукурудза
kukurudza

pomodoro

помідор
pomidor

zucca

гарбуз
harbuz

cetriolo

огірок
ohirok

carota

морква
morkva

patata

картопля
kartoplia

zucchina

Кабачок-цукіні

Kabachok-tsukini

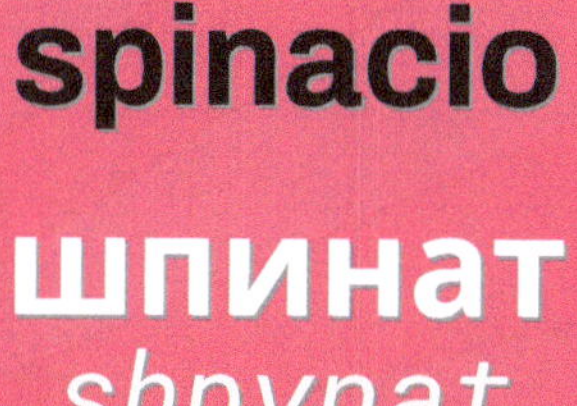

spinacio

шпинат
shpynat

cavolfiore

цвітна капуста

tsvitna kapusta

uovo

яйце
iaitse

piatto

тарілка
tarilka

cucchiaio

ложка
lozhka

coltello

ніж
nizh

forchetta

виделка
vydelka

torta

тістечко

tistechko

biberon

дитяча пляшечка

dytiacha pliashechka

caramelle

цукерки

tsukerky

formaggio

сир

syr

bere

пити
pyty

mangiare

їсти
isty

caldo

гарячий
hariachyi

freddo

холодний
kholodnyi

piccolo
маленький
malenkyi

grande
великий
velykyi

 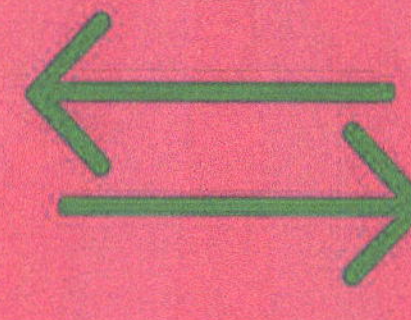 

corto
короткий
korotkyi

lungo
довгий
dovhyi

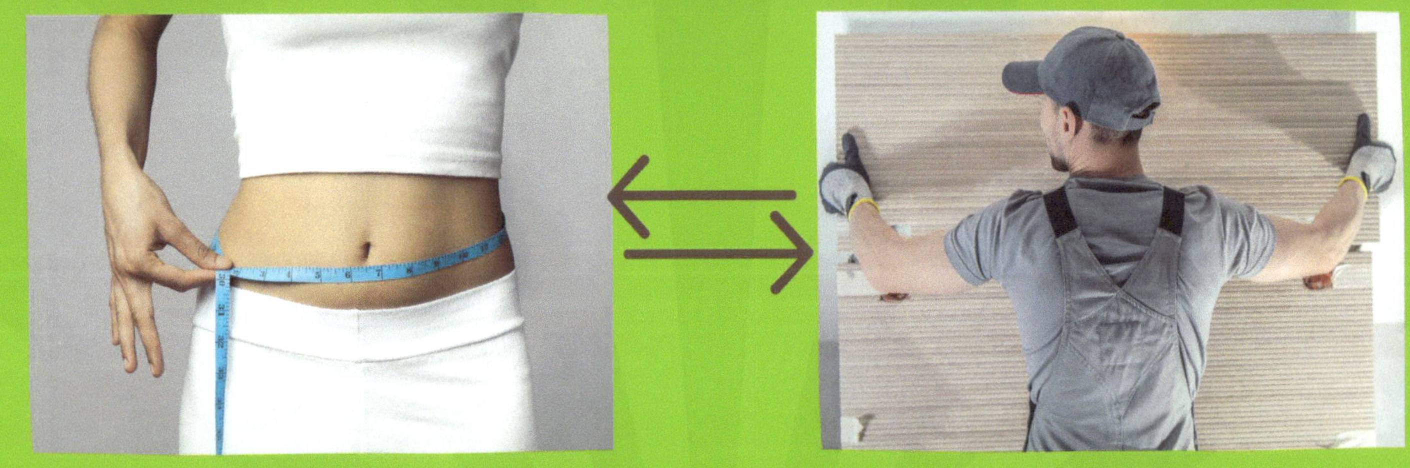

sottile

тонкий
tonkyi

largo

великий
velykyi

facile

легкий
lehkyi

difficile

важко
vazhko

  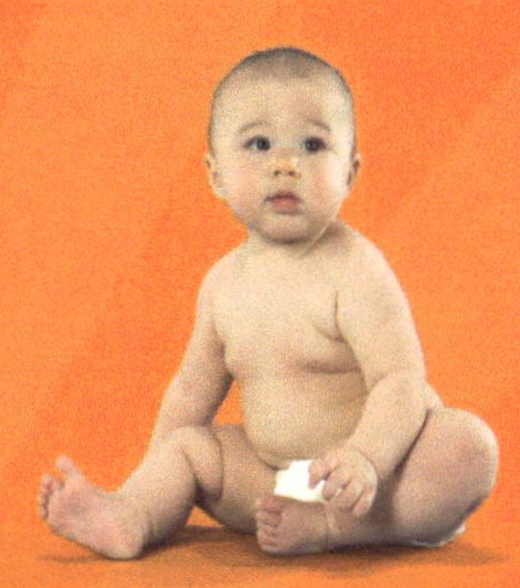

alzarsi

встати
vstaty

sedersi

сідати
sidaty

dolce

солодкий
solodkyi

salato

солоний
solonyi

pesante

важкий
vazhkyi

leggero

легкий
lehkyi

dentro

всередині
vseredyni

fuori

поза
poza

sporco

брудний
brudnyi

pulito

чистий
chystyi

chiudere

закритий
zakrytyi

aprire

відкритий
vidkrytyi

matite

олівці
olivtsi

orologio

годинник
hodynnyk

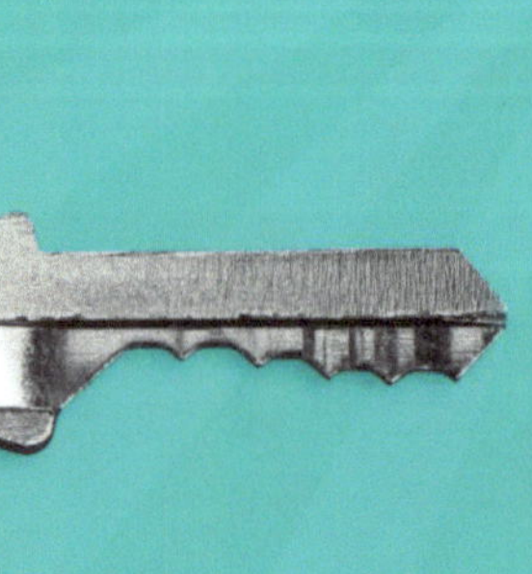

chiave

ключ
kliuch

libro

книга
knyha

letto

ліжко
lizhko

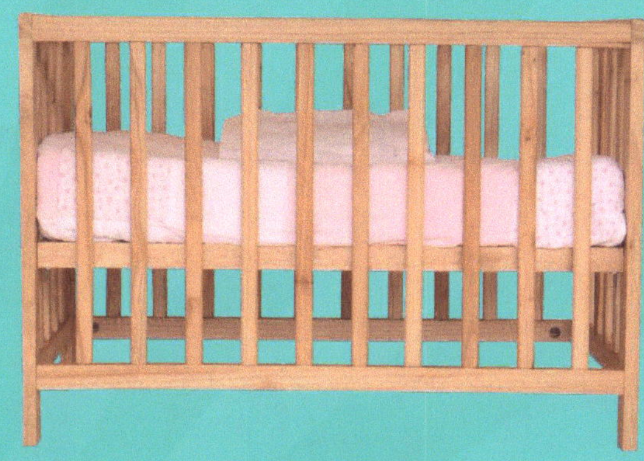

culla

дитяче ліжко

dytiache lizhko

tavolo

стіл
stil

sedia

стілець
stilets

automobile

машина
mashyna

bicicletta

велосипед
velosyped

aereo

літак
litak

barca

човен
choven

treno

потяг
potiah

elicottero

вертоліт
vertolit

camion dei pompieri

пожежна машина

pozhezhna mashyna

pompiere

пожежник

pozhezhnyk

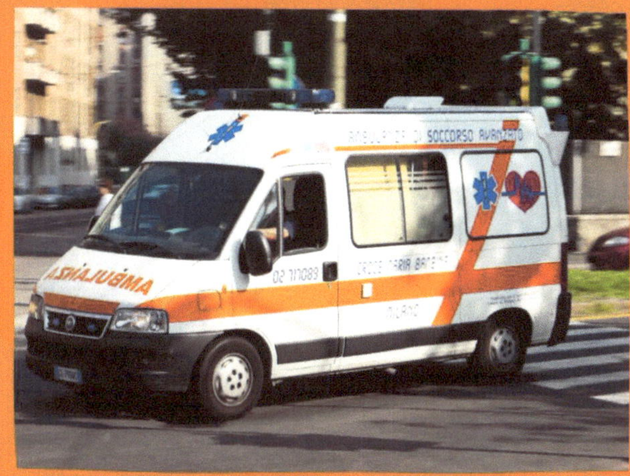

ambulanza

швидка допомога

shvydka dopomoha

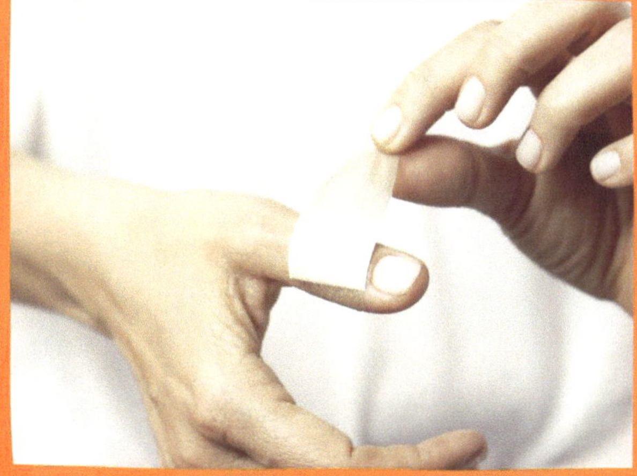

benda

пластир

plastyr

paramedico

фельдшери

feldshery

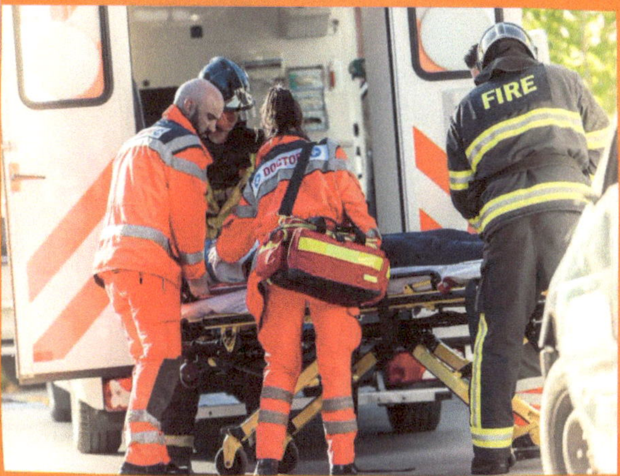

squadra di soccorso

команда рятувальників

komanda riatuvalnykiv

foresta

ліс
lis

montagna

гора
hora

erba

трава
trava

sabbia

пісок
pisok

albero

дерево
derevo

fiore

квітка
kvitka

farfalla

метелик
metelyk

formica

мураха
murakha

gatto

кішка
kishka

cane

собака
sobaka

cavallo

кінь
kin

topo

миша
mysha

mucca

корова
korova

maiale

свиня
svynia

pecora

вівця
vivtsia

anatra

качка
kachka

oca

гусак
husak

coniglio

кролик
krolyk

pesce

риба
ryba

veterinario

ветеринар
veterynar

dottore

лікар
likar

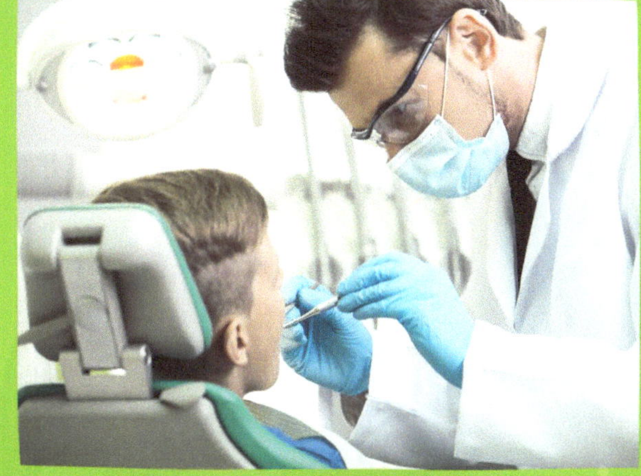

dentista

дантист
dantyst

farmacista

фармацевт
farmatsevt

infermiere

медсестра
medsestra

testa

голова
holova

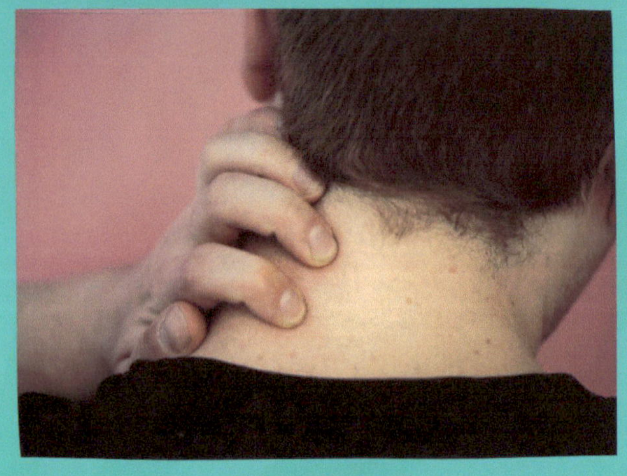

collo

шия
shyia

piede

стопа
stopa

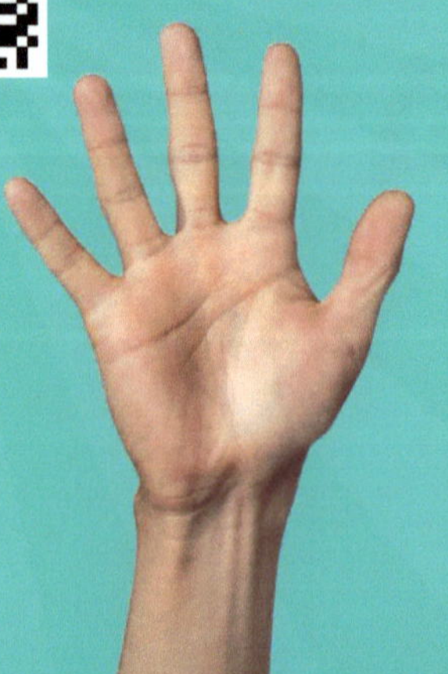

mano

кисть
kyst

denti

зуби
zuby

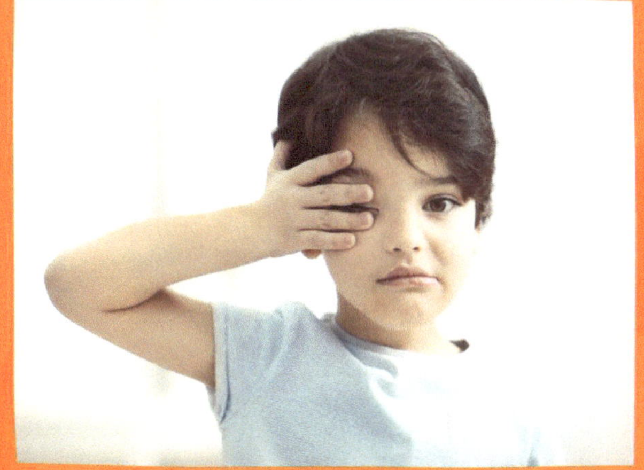

occhio

око
oko

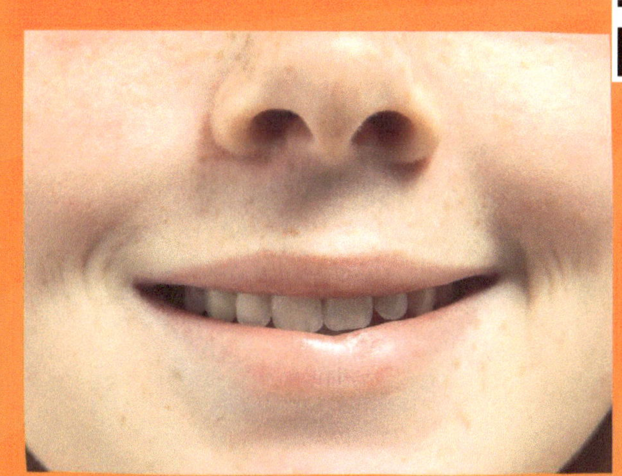

bocca

рот
rot

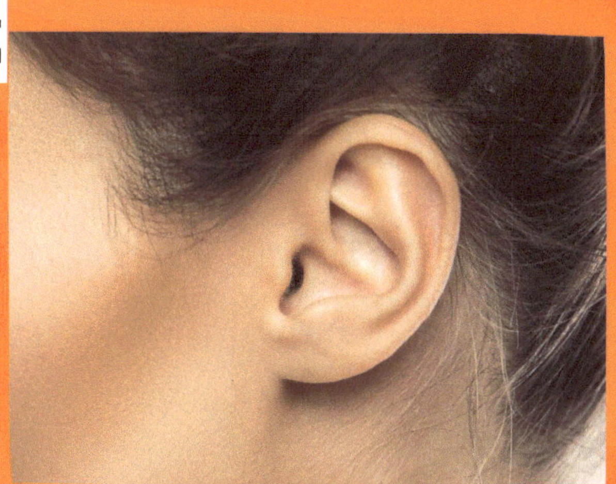

orecchio

вухо
vukho

cappello

капелюх
kapeliukh

vestito

сукня
suknia

pantaloni

штани
shtany

scarpe

черевики
cherevyky

cappotto

пальто
palto

sciarpa

шарф
sharf

ombrello

парасолька
parasolka

occhiali

окуляри
okuliary

sole

сонце
sontse

nuvoloso

хмарно
khmarno

piovoso

дощовий
doshchovyi

luna

місяць
misiats